Combel
EDITORIAL

las diseñadoras

3 Todo puede aprovecharse

Piensa también en reciclar
un poco: antes de tirar
cualquier cosa, pregúntate
si la podrías reutilizar.
Recoge imperdibles, botones,
cajas de cerillas, retales...

4 Para ayudarte

Los modelos de este libro
pueden servirte de base,
pero no dudes en modificarlos:
elige los colores que más
te gusten, trata de encontrar
nuevas formas... Ve más allá
y lánzate a la creación.

Sumario

Capítulo 3: Complementos

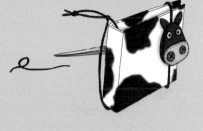

Capítulo 5: Scrapbooking

Capítulo 4: Decoración

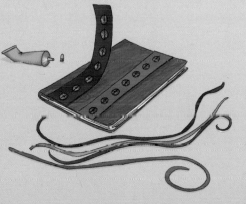

¿Cómo utilizar este libro?

Tu camiseta, inspirada en el baloncesto, rivalizará con los grandes nombres de la ropa deportiva.

Camiseta de campeona

El material que necesitarás. ....

Para la camiseta 26
- Camiseta de algodón blanca
- Tela de algodón naranja
- Pintura para tela rosa
- Hilo naranja
- Vinilo adhesivo transparente

Las palabras en rojo están explicadas en la p. 11. ....

Para la camiseta 55
- Camiseta de algodón roja
- Tela de algodón azul
- Pintura para tela azul oscuro
- Hilo azul
- Vinilo adhesivo transparente

Las herramientas .... que necesitas.

- Pincel
- Aguja
- Tijeras
- Plancha
- Alfileres

Trucos, consejos, ideas...

Si quieres reproducir otros números, puedes ampliar con una fotocopiadora cifras sacadas de revistas.

1 Con la ayuda del patrón (p. 12) calca el número 26 sobre el vinilo adhesivo. Recórtalo con las tijeras. Conserva el interior del 6.

2 Corta un trozo de tela naranja de 15 x 15 cm. Con la plancha, repliega 1 cm de los bordes. Obtendrás un cuadrado naranja.

3 Pega el adhesivo en el centro del cuadrado, sin olvidar volver a colocar el trozo correspondiente al interior del 6. Pinta el número. Déjalo secar y retira el adhesivo.

4 Pon la plancha en posición de algodón y plancha el número para fijar la pintura de manera que resista los lavados.

La realización paso a paso, con dibujos para que lo veas claro.

5 Fija la tela impresa a la parte delantera de la camiseta con alfileres y luego cósela con un punto atrás (ver p. 9) a 0,5 cm del borde con hilo naranja.

DIFICULTAD

41

$\mathcal{Y}$ = muy fácil

$\mathcal{Y}\mathcal{Y}$ = fácil

$\mathcal{Y}\mathcal{Y}\mathcal{Y}$ = medianamente fácil

Para que el número pintado cubra bien la tela es preferible dar 2 capas de pintura.

Este es el aspecto que puede tener tu creación. Pero también puedes hacerlo de otra forma.

Camiseta 55

Para la versión 55, recorta un trozo de tela de 9 x 8,5 cm y procede de la misma manera que para el modelo 26 con la ayuda del patrón (p. 12). Cose la tela con hilo azul, abajo a la izquierda de tu camiseta.

55

Creaciones suplementarias para ir más lejos.

Consejos

Coloca los cierres

● Con cuentas metálicas y cable

Ensarta en primer lugar una cuenta metálica en uno de los extremos del cable, y a continuación el cierre. Vuelve a pasar el cable por la cuenta y aplástala con los alicates planos. Al otro extremo del cable, coloca otra cuenta metálica, forma un bucle y vuelve a pasar el cable por la cuenta. Aplástala. Obtendrás un bucle para el cierre.

● Con capuchones y un cordón

Pon un capuchón en cada extremo del cordón y fíjalos aplastándolos con unos alicates planos. Luego, con la ayuda de los alicates, pon una anilla en un extremo y una anilla y un cierre en el otro.

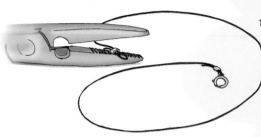

● Con un lazo de alambre cubierto de cuentas

Empieza la pulsera o el collar formando un lazo de cuentas que servirá para colocar el cierre. Ensártalo en medio del último lazo de cuentas y ciérralo retorciendo los alambres. Corta el alambre sobrante.

prácticos

Prepara el hilo de coser

Ensarta la aguja y haz un nudo al extremo del hilo. Puedes dejar el hilo simple o hacerlo doble para mayor solidez.

Puntos de costura

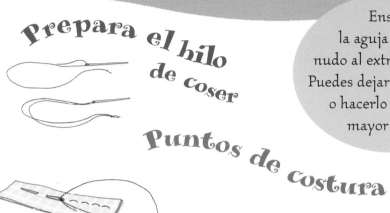

● **El punto adelante**

Es el punto más simple, que te permite unir dos telas. Pincha la tela por el reverso y da luego puntadas regulares y espaciadas.

● **El punto de dobladillo**

Es un punto oblicuo que te permite unir dos telas o hacer un dobladillo. Pincha las dos telas y ves dando puntadas oblicuas, regulares y espaciadas.

● **El punto atrás o pespunte**

Es el punto que parece una costura hecha a máquina. Pincha la tela por el reverso, da luego una puntada hacia la derecha. Vuelve a salir por la izquierda, sobrepasando el primer sitio donde has clavado la aguja. Luego, vuelve a clavar la aguja en el primer punto, vuelve a salir a la derecha y empieza de nuevo. De esta forma, obtienes puntos unidos que forman una línea continua.

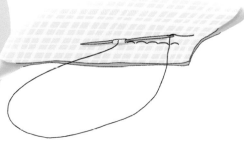

● El punto de cruz

Es un punto decorativo que se usa
mucho para bordar. Marca cuatro
puntos situados en los cuatro ángulos
de un cuadrado, luego pincha por el revés
y sal por el punto número 1, pincha
por el 4, sal por el 3 y vuelve
a pinchar por el 2.
Obtienes una cruz.

Cose un botón de 4 ojos formando una cruz

El mismo principio
que para el punto de cruz,
pero pasando varias veces
la aguja a través de los 4 ojos
del botón.

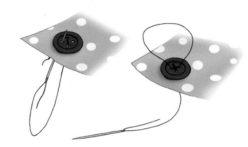

Reproduce un patrón

Calca el patrón del
libro (p. 12 a 14) con papel
de calcar o papel fino.
Recorta el dibujo con tijera,
colócalo sobre la tela o el papel.
Dibuja el contorno
y finalmente recorta
la forma.

Glosario

Algodón de bordar: Hilo grueso de algodón que se usa para hacer bordados.

Alicates planos: Alicates de bisutería que sirven para aplastar cuentas metálicas y cerrar anillas pequeñas con precisión.

Capuchón: Pequeña pieza metálica que se coloca con los alicates en el extremo de las cintas y los cordones para fijar los cierres.

Caucho flexible: Láminas de caucho, a la venta en las tiendas de hobbys, de distintos grosores, flexibles y fáciles de recortar.

Cinta métrica: Cinta flexible de 1,50 m, graduada para medir todas las formas.

Cola en spray: Cola que se usa sobre todo para pegar el papel sin dejar rebabas. Hay que pulverizarla con precaución.

Cola para tejidos: Cola especial para pegar cintas o adornos, resistente al lavado.

Cuenta metálica: Cuenta de metal que se aplasta mediante los alicates planos para servir de tope a las cuentas o a los cierres.

Encuadernador: Especie de clavo metálico que se abre para unir hojas de papel tras haberlas perforado.

Tela de rizo: Tela de algodón muy absorbente que sirve para confeccionar toallas.

Hule: Tela impermeabilizada con un recubrimiento de materiales diversos (vinilo, cera, etc.).

Lentejuelas: Pedacitos lenticulares de metal que sirven para decorar vestidos de fiesta o de noche.

Organdí: Tela muy fina, transparente como la muselina, pero más rígida.

Pasta de modelar: Pasta de arcilla que se endurece al cocerla.

Pintura acrílica: Pintura resistente al agua una vez seca, contrariamente a la aguada.

Rafia: Fibra natural de la palmera que permite anudar, como el cordón. Es muy usada en jardinería.

Tarlatana: Tela de algodón ligera, con un tejido especial que la hace transparente (especie de gasa rígida).

Tela de yute: Tela grosera de lino en bruto, muy resistente.

Tiza de modista: Tiza para escribir sobre la tela sin que queden después marcas.

Tricotín o canutillo: Pequeño objeto cilíndrico con cuatro clavos que permite hacer tubos de punto.

Vinilo adhesivo: Hoja o rollo de plástico autoadhesivo.

¡Todos los modelos que necesitas

26

Gorra de la estrella

Camiseta de campeona

Chancletas preciosas

Tu foto levanta el vuelo

Camiseta 55

5

para tus creaciones!

Almohadón cosido a mano

Tarjetero y libreta esponja

Pasador

Bambas

Tejanos de todo corazón

Gorra de la flor y tarjetero

Gorra de la flor y libreta de las amigas

Guirnalda de espirales

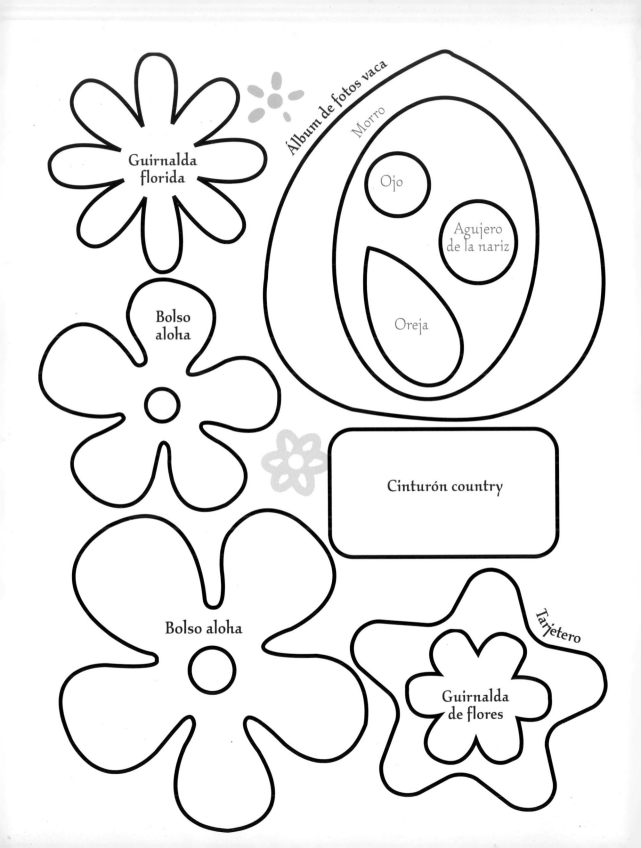

Guirnalda
florida

Álbum de fotos vaca

Morro

Ojo

Agujero
de la nariz

Oreja

Bolso
aloha

Cinturón country

Bolso aloha

Tarjetero

Guirnalda
de flores

BISUTERÍA

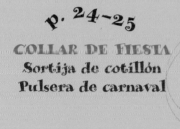

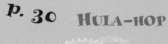

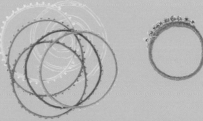

Collar looping

Para el collar looping
- Cuentas multicolores (Ø 2 mm)
- 110 cm de alambre plateado (Ø 0,30 mm)
- 1 cierre de mosquetón

Para la pulsera gran 8
- Cuentas multicolores (Ø 2 mm)
- 70 cm de alambre plateado (Ø 0,30 mm)
- 1 cierre de mosquetón

Para el anillo pirueta
- Cuentas multicolores (Ø 2 mm)
- 40 cm de alambre plateado (Ø 0,30 mm)

- Alicates planos

1 Ensarta 14 cuentas en el centro del alambre.

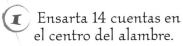

2 Forma anillas. Cruza los extremos del alambre en una cuenta. Ensarta a continuación 7 cuentas en cada alambre.

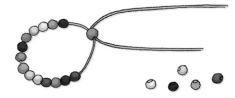

3 Luego, vuelve a cruzar los extremos del alambre dentro de una cuenta y así sucesivamente hasta formar 31 anillas.

④ Pon el cierre en la anilla 31.
Retuerce y luego corta
el alambre sobrante.

Pulsera gran 8

Ensarta 12 cuentas en el centro del alambre. Cruza los extremos dentro de una cuenta. Forma una anilla. Ensarta 8 cuentas en cada hilo y crúzalos en una cuenta. Sigue añadiendo 2 cuentas en cada alambre, en cada anilla, hasta que tengas 16 en cada uno. Luego, a la inversa, ve reduciendo 4 cuentas por anilla. Acaba con una anilla de 12 cuentas y pon el cierre.

Anillo pirueta

Ensarta en el centro del alambre 9 cuentas, luego cruza los extremos del alambre en una perla. Ensarta 4 cuentas en cada alambre y crúzalos en una cuenta. Forma así 8 anillas de 8 perlas. Cierra el anillo pasando el alambre por la perla central de la primera anilla y retuércelo.

Adorno black & white

Para el collar black & white

- 47 cm de cordón de cuero negro (Ø 1 mm)
- Capuchones
- Anilla (Ø 5 mm)
- 1 cierre de mosquetón

Para la pulsera black & white

- 26 cm de cordón de cuero negro (Ø 1 mm)
- Capuchones
- Anilla (Ø 5 mm)
- 1 cierre de mosquetón

Para el collar swing

- 37 cm de cordón de cuero negro (Ø 1 mm)
- Capuchones
- Anilla (Ø 5 mm)
- 1 cierre de mosquetón

Para la pulsera saxo

- 42 cm de cordón de cuero negro (Ø 1 mm)
- Capuchones
- Anilla (Ø 5 mm)
- 1 cierre de mosquetón

- Pasta de modelar blanca y negra
- Aguja gruesa
- Papel vegetal
- Objeto cilíndrico (rodillo de amasar, tubo, vaso...)
- Cuchillo
- Alicates planos

1 Extiende por separado la pasta blanca y la pasta negra, de manera que obtengas 2 cuadrados de 8 x 8 cm, uno blanco y uno negro.

2 Superpón los 2 cuadrados y luego enróllalos. Haz rodar la pasta para obtener un churro (Ø 1 cm). Si quieres que domine el blanco, pon la pasta blanca encima. Haz lo contrario si prefieres que domine el negro.

3 Con un cuchillo, ve cortando del rollo cilindros de 0,5 cm de grosor. Agujeréalos por el centro con una aguja gruesa. Ponlos en una bandeja de horno recubierta de papel vegetal y hornéalos 30 min. (ter. 3 o 130°).

4 Ensarta 5 cilindros en cada cordón: 5 blancos para el collar, 5 negros para la pulsera. Haz un pequeño nudo simple entre cada cilindro y sepáralos aproximadamente 1 cm.

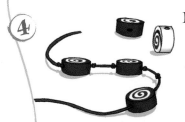

(5) Pon los cierres en los extremos de los cordones.

Para obtener cilindros más brillantes los puedes pintar con esmalte de uñas transparente.

Collar swing

Ensarta 3 cilindros en el centro del collar y fíjalos con 2 nudos, uno a cada lado de los cilindros. Luego, pon el cierre como en los modelos anteriores.

Pulsera saxo

Corta el cordón en dos y haz un nudo en el centro de cada hilo. A continuación, ensarta un cilindro blanco en uno de los cordones y haz un nudo para bloquearlo. Ensarta un cilindro negro en el otro cordón de manera que no quede a la misma altura que el blanco y haz un nudo. Pon el cierre en los 2 cordones como en los modelos precedentes.

Para ser más original, la pulsera de la amistad se adorna con botones de colores.

Pulsera menta

Para la pulsera menta
- 120 cm de algodón de bordar azul
- Cuentas verdes (∅ 2,6 mm)
- 3 botones verdes de 4 ojos (∅ 1 cm)
- Cierre de clip
- Capuchones
- Anillas

Para la pulsera de frutos rojos
- 160 cm de algodón de bordar violeta
- Cuentas rojas (∅ 2,6 mm)
- 4 botones rojos de 4 ojos (∅ 1 cm)
- Cierre de clip
- Capuchones
- Anillas

Para la pulsera tutti frutti
- 120 cm de algodón de bordar amarillo
- Cuentas naranjas (∅ 2,6 mm)
- 6 botones naranjas de 4 ojos (∅ 1 cm)
- Cierre de clip
- Capuchones
- Anillas

- Alicates planos
- Tijeras

Para que los hilos se mantengan bien tensos, pégalos al borde de una mesa con cinta adhesiva.

1 Corta el hilo de 120 cm en 4 partes, 2 de 20 cm y 2 de 40 cm. Pon con los alicates un capuchón uniendo el extremo de los 4 hilos y haz luego un nudo plano.

2 Ensarta una cuenta en los 2 hilos cortos, forma un segundo nudo plano, a continuación ensarta una segunda cuenta y así sucesivamente hasta que hayas ensartado 11 cuentas y hecho 12 nudos planos.

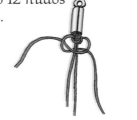

3 A continuación, ensarta en los 2 hilos cortos un botón cruzando los hilos en los ojos. Entre botón y botón, realiza 3 nudos planos alternando con 2 cuentas.

4 Tras haber ensartado el tercer botón, acaba la pulsera como la has empezado, con 12 nudos planos que alternas con 11 cuentas.

Para ensartar las cuentas sin dificultad, cubre con cola los extremos del hilo para hacerlo rígido.

5 Pon los capuchones, las anillas y el cierre con la ayuda de los alicates planos.

Pulsera de frutos rojos

Corta el hilu en 2 pedazos de 20 cm y 2 de 60 cm. Pon el capuchón. Forma 3 nudos planos y ensarta una cuenta en los 2 hilos cortos, vuelve a hacer 3 nudos planos, luego ensarta un botón en los 2 hilos cortos cruzándolos. Entre botón y botón, haz 3 veces 3 nudos planos que alternarás con una cuenta roja. Una vez ensartado el 4.º botón, termina la pulsera con 3 nudos planos, una cuenta y de nuevo 3 nudos planos. Pon el cierre.

Pulsera tutti frutti

Corta los hilos como en la pulsera menta y coloca el capuchón. Forma un nudo plano y luego ensarta 2 cuentas en los 2 hilos cortos. Forma un 2.º nudo plano y ensarta 2 cuentas. Haz otro nudo plano y ensarta un botón en los 2 hilos cortos cruzándolos. Repite 6 veces esta operación. Acaba con 3 nudos planos que alternas con 2 cuentas. Pon el cierre.

Collar fórmula 1

Para el collar fórmula 1 (38 cm)
- 40 cm de cordón verde (∅ 1 mm)
- 4 cuentas amarillas (∅ 4 mm)
- 2 capuchones dorados
- 1 cierre de rosca dorado

Para el collar en marcha (40 cm)
- 40 cm de cordón naranja (∅ 1 mm)
- 4 cuentas naranjas (∅ 4 mm)
- 2 cuentas amarillas (∅ 4 mm)
- 2 capuchones dorados
- 1 cierre de rosca dorado

Para la pulsera speedy (18 cm)
- 20 cm de cordón verde (∅ 1 mm)
- 10 cuentas amarillas (∅ 4 mm)
- 2 capuchones dorados
- 1 cierre de rosca dorado

- Alambre verde y naranja (∅ 0,30 mm)
- Broqueta de madera
- Alicates cortantes
- Alicates planos

Para disimular dentro del muelle el alambre que sobresale, ayúdate con la punta de la broqueta.

1 FABRICA LOS MUELLES
Prepara los muelles largos. Enrolla el alambre alrededor de una broqueta de madera formando una espiral de 20 vueltas apretadas, y luego saca el muelle de la broqueta.

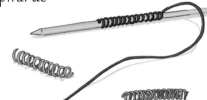

2 Para las cuentas en forma de círculo, ensarta en un alambre un muelle largo hecho con 30 vueltas. Vuelve a pasar uno de los extremos del alambre por el interior del muelle formando un bucle. Tira del alambre para cerrar el círculo. Retuerce los extremos, corta lo que sobresalga y disimula la unión dentro del muelle.

3 Prepara 3 muelles circulares, 1 verde y 2 naranjas.

4 Ensarta en el cordón 4 cuentas que alternas con los 3 muelles. Pon el verde en el centro.

Si no tienes capuchones ni cierre, puedes cerrar tus collares con un nudo.

5 Centra las cuentas en el cordón y bloquéalas entre 2 nudos. Pon los capuchones y luego el cierre.

Collar en marcha

Prepara 2 muelles largos verdes y un muelle en forma de círculo naranja. Ensarta en el centro del cordón un muelle en forma de círculo y luego, a cada lado, una cuenta naranja, una cuenta amarilla, un muelle largo y otra cuenta naranja. Fija los capuchones y el cierre.

Pulsera speedy

Prepara 6 muelles largos verdes y 5 muelles naranjas en forma de círculo. Ensarta en el cordón los 6 muelles largos, que alternarás con un muelle en forma de círculo sujeto entre 2 cuentas. Haz un nudo en cada extremo de la sarta. Coloca los capuchones y el cierre.

Collar de fiesta

Para el collar de fiesta
- 37 cm de cable azul (∅ 0,48 mm)
- 18 cuentas violetas brillantes (∅ 2 mm)
- 12 cuentas azules brillantes (∅ 2 mm)
- 4 cuentas metálicas plateadas
- 1 cierre de mosquetón plateado

Para la sortija de cotillón
- 4 cm de cable azul (∅ 0,48 mm)
- 5 cuentas azules brillantes (∅ 2 mm)
- 2 cuentas metálicas plateadas
- 1 cierre de mosquetón plateado

Para la pulsera de carnaval
- 23 cm de cable azul (∅ 0,48 mm)
- 9 cuentas violetas brillantes (∅ 2 mm)
- 12 cuentas azules brillantes (∅ 2 mm)
- 16 cuentas metálicas plateadas
- 1 cierre de mosquetón plateado

- 2 separadores de páginas transparentes, 1 azul y 1 violeta
- Perforadora de papel
- Alicates planos
- Tijeras
- Aguja gruesa

Agujerea los confetis sin peligro poniéndolos sobre un pedazo de cartón de embalaje.

1 PREPARA LOS CONFETIS
Con la perforadora de papel, recorta confetis en los separadores, 18 violetas y 12 azules. Con una aguja gruesa, agujerea cada uno por el centro.

2 Enhebra una cuenta metálica en el hilo, a continuación un grupo de 6 confetis violeta que alternarás con 6 cuentas a juego. Ensarta en total 5 grupos, 3 de 6 confetis violetas, que alternas con 2 grupos azules.

3 Enhebra de nuevo una cuenta metálica. Centra el conjunto de las cuentas y de los confetis en el centro del hilo y aplasta las 2 cuentas metálicas para fijar el conjunto.

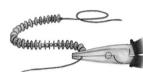

4

Pon el cierre con la ayuda de las cuentas metálicas (consulta los consejos de la p. 8).

Para variar, también puedes formar grupos de confetis, que alternas con cuentas espaciadas y bloqueadas por dos perlas metálicas.

Sortija de cotillón

Prepara 6 confetis azules. Agujeréalos con la aguja por un lado. Enhebra en el cable una perla metálica y 6 confetis alternados con 5 cuentas azules. Enhebra una perla metálica, forma un lazo de la talla de tu dedo con el cable y vuelve luego a ensartar el extremo del cable por las cuentas y los confetis. Aplasta las 2 perlas metálicas y corta el cable que sobre.

Pulsera de carnaval

Prepara 16 confetis azules y 12 violetas. Ensarta en el cable una cuenta metálica y a continuación 4 confetis azules, que alternas con 3 cuentas azules. Luego, ensarta una cuenta metálica. Bloquea el conjunto aplastando las 2 cuentas metálicas. Deja 2 cm de cable entre cada grupo. Forma en total 7 grupos, 4 grupos azules que alternas con 3 grupos violetas. Pon el cierre como en el collar y corta el hilo sobrante.

que podrás llevar a juego con toda tu ropa.

Sortija de vidrio

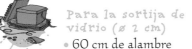

Para la sortija de vidrio (ø 2 cm)

- 60 cm de alambre plateado (Ø 0,30 mm)
- 11 cuentas torneadas de vidrio azules (Ø 3 mm)
- 1 cucharadita de café de cuentas violetas brillantes (Ø 2 mm)

- Alicates cortantes

Para ensanchar o estrechar la sortija, basta con añadir o retirar una cuenta antes de cerrarla.

1 Ensarta una cuenta en el centro del alambre. Cruza los 2 extremos del alambre dentro de 2 cuentas, luego dentro de 3, 4 cuentas, y así sucesivamente hasta llegar a 9.

2 Ensarta en las líneas 10.ª, 12.ª, 14.ª 3 pares de cuentas, que alternas con 2 cuentas de vidrio. Ensarta en la 11.ª y la 12.ª línea 4 cuentas violetas, una cuenta de vidrio y 4 cuentas violetas.

3 Igual que en la fase 1, pero a la inversa, cruza los 2 extremos del alambre dentro de 9 cuentas, luego de 8 y así sucesivamente hasta llegar a una cuenta. Ensarta una cuenta más.

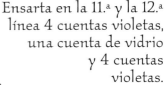

4

Pasa uno de los extremos del alambre por la cuenta del principio y cierra la sortija retorciendo los alambres. Corta lo que sobresalga.

Sortija damero

- 60 cm de alambre plateado (Ø 0,30 mm)
- 1/2 cucharadita de café de cuentas azules transparentes (Ø 2 mm)
- 1/2 cucharadita de café de cuentas naranjas transparentes (Ø 2 mm)

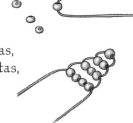

1 Ensarta una cuenta azul en el centro del alambre. Cruza los 2 extremos del alambre dentro de 2 cuentas, luego dentro de 3, 4 cuentas, y así sucesivamente hasta llegar a 9.

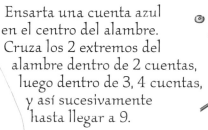

2 Ensarta en las líneas 10.ª, 11.ª, 14.ª y 15.ª 3 pares de cuentas naranjas, que alternas con 2 pares de cuentas azules. En la 12.ª y la 13.ª línea, ensarta 3 pares de cuentas azules, que alternas con 2 pares de cuentas naranjas.

- Alicates cortantes

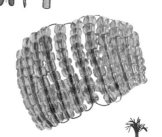

3 Igual que en la fase 1, pero a la inversa, cruza los 2 extremos del alambre dentro de 9 cuentas azules, luego de 8 y así sucesivamente hasta llegar a una cuenta. Ensarta una cuenta más.

En la sortija damero, modificando la colocación de las cuentas de colores, puedes obtener otros dibujos, como rayas...

4

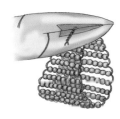

Pasa uno de los extremos del alambre por la cuenta del principio y cierra la sortija retorciendo los alambres. Corta lo que sobresalga.

Entre tus dedos, las flores no se marchitan:

Sortija de la margarita

Para la sortija de la margarita (Ø 2 cm)

- 25 cm de alambre plateado (Ø 0,30 mm)
- 3 cuentas torneadas de vidrio naranja (Ø 4 mm)
- 1/2 cucharadita de café de cuentas azules transparentes (Ø 2 mm)

- Alicates cortantes

1 Realiza una flor. Ensarta 10 cuentas en el alambre, luego vuelve a pasar uno de los extremos del alambre por la 1.ª cuenta. Ensarta una cuenta torneada de vidrio y sal por la 6.ª cuenta.

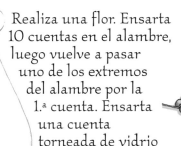

Haz 3 flores seguidas.

2

3 Ensarta 22 cuentas en el alambre restante.

La sortija de la margarita también puede hacerse con flores alrededor.

4

Pasa uno de los extremos del alambre por la cuenta del principio y cierra la sortija retorciendo los alambres. Corta lo que sobresalga.

Sortija de la flor solitaria

Para la sortija
de la flor
solitaria (ø 2 cm)

- 60 cm de alambre plateado
(Ø 0,30 mm)
- 4 cuentas torneadas de vidrio
naranja (Ø 4 mm)
- 1 cucharadita de café de cuentas
naranjas transparentes (Ø 2 mm)

 Alicales cortantes

Cuida tus sortijas:

quítatelas para lavarte

las manos.

1 Enhebra 6 cuentas en el centro
del alambre. Cruza los
extremos del alambre
en 6 cuentas y forma
así 10 líneas de
6 cuentas.

2 En la 11.ª y la 13.ª, enhebra 2 cuentas,
una cuenta de vidrio
y 2 cuentas. En la
12.ª línea, enhebra
una cuenta de vidrio,
2 cuentas y una cuenta
de vidrio.

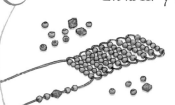

3 Vuelve a hacer
10 líneas de
6 perlas.

4 Cierra la sortija pasando uno
de los extremos del alambre
por las 6 cuentas del
principio, luego retuerce
los hilos. Corta lo
que sobresalga.

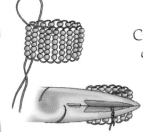

DIFICULTAD

30

Pulseras y sortijas para llevar de una en una o en grandes cantidades, sin moderación.

Hula-hop

Pulsera luminosa

Para la pulsera luminosa
- 22 cm de alambre
- 75 cm de hilo de bordar
- Cuentas

- Cinta adhesiva
- Cola
- Aguja e hilo
- Alicates cortantes

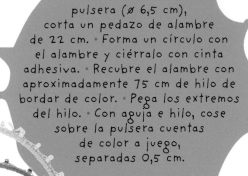

- Para hacer una pulsera (ø 6,5 cm), corta un pedazo de alambre de 22 cm. • Forma un círculo con el alambre y ciérralo con cinta adhesiva. • Recubre el alambre con aproximadamente 75 cm de hilo de bordar de color. • Pega los extremos del hilo. • Con aguja e hilo, cose sobre la pulsera cuentas de color a juego, separadas 0,5 cm.

Sortija de neón

Para la sortija de neón
- 6,5 cm de alambre
- 25 cm de hilo de bordar azul
- 9 cuentas azules

Para lograr un efecto diferente, puedes coser sobre el hilo cuentas de distintos colores.

- Para hacer una sortija (ø 2 cm), corta un pedazo de alambre de 6,5 cm. • Forma un anillo con el alambre y ciérralo con cinta adhesiva.
- Recubre el alambre con aproximadamente 25 cm de hilo de bordar azul.
- Pega los extremos del hilo.
- Cose 9 cuentas azules unas contra las otras en la parte delantera del anillo.

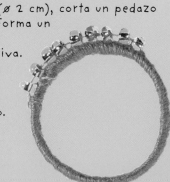

ROPA

55

Un vestido sencillo se adorna con cintas para convertirse en vestido de fiesta.

Vestido de verano

- 1 vestido de tirantes de punto de algodón fucsia
- 1 m de cinta fucsia con topos blancos (ancho 1 cm)
- 2 m de cinta de lentejuelas rosa irisada
- 2 m de cinta ondulada fucsia (ancho 0,5 cm)

- Tijeras
- Cola para tejidos
- Alfileres

1 Clava con alfileres en la parte baja del vestido la cinta fucsia con topos blancos.

2

Progresivamente, ve retirando los alfileres y pegando la cinta a la tela con cola para tejidos.

3 Por encima de la cinta coloca, con la ayuda de los alfileres, la cinta de lentejuelas formando ondulaciones. Haz lo mismo en el cuello.

Para un mejor acabado, une los dos extremos de la cinta superponiéndolos 1 cm.

4

Ve retirando con cuidado los alfileres y pega la cinta con cola para tejidos.

5 Fija también con alfileres la cinta ondulada por encima de la cinta de lentejuelas, así como en los tirantes.

La cola para tejidos es resistente

al lavado, pero si lo prefieres

puedes también coser las cintas.

6

Pega la cinta ondulada a la parte baja del vestido y a los tirantes.

La lana se cuela entre los puntos de tu jersey de cuello alto para darle alegría.

Jersey de punto

• Jersey de cuello alto azul turquesa
• Lana azul, de color crudo y naranja

• Aguja gruesa
• Tijeras
• Alfileres

1 Dobla hacia fuera la parte baja del jersey, en un ancho de unos 6 centímetros, y los puños de las mangas en 4 cm. Fija estos dobladillos con alfileres.

2 Enhebra la lana de color crudo en la aguja. Haz un punto adelante de 1 cm cada centímetro en la parte baja del jersey que has doblado (ver p. 9). Haz lo mismo con los puños y con la parte baja del cuello.

3 Cierra las costuras haciendo nudos en la parte interior del jersey.

4 1 cm por encima de la costura de color crudo, cose un hilo de lana naranja. Repite la misma costura en las mangas y en el cuello. Haz nudos en la parte interior del jersey.

DIFICULTAD

5 1 cm por encima del hilo naranja, cose el hilo de lana azul como los dos precedentes. Haz lo mismo en las mangas y el cuello. Anuda la lana en el interior del jersey.

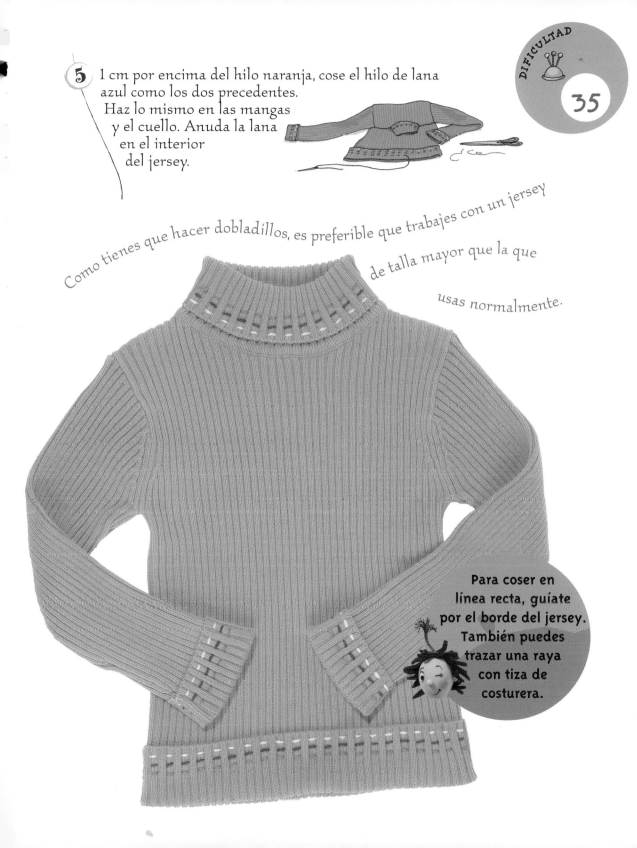

Como tienes que hacer dobladillos, es preferible que trabajes con un jersey de talla mayor que la que usas normalmente.

Para coser en línea recta, guíate por el borde del jersey. También puedes trazar una raya con tiza de costurera.

Con tela impresa, transforma tus tejanos viejos para un fin de semana en el campo.

Tejanos de todo corazón

- Tejanos
- Tela de algodón impresa
- Hilo azul
- Cartón fino

- Aguja
- Alfileres
- Tijeras
- Cinta métrica
- Plancha

1 Mide la circunferencia de los bajos de los tejanos, suma 2 cm y obtendrás la longitud de las dos tiras de tela impresa que tienes que cortar. La anchura de la banda es de 10 cm.

2 Recorta en el cartón un corazón con la ayuda del patrón (p. 13). Dobla la tela y pon el corazón de cartón encima para recortar 2 corazones a la vez aproximadamente a 1 cm del contorno del cartón.

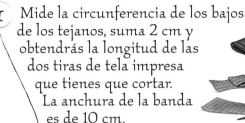

3 Con la ayuda de la plancha, marca los dobleces a 0,5 cm del borde, a los 4 lados de las 2 tiras. Dobla las tiras por la mitad a lo largo y marca los dobleces con la plancha. Pon el corazón de cartón sobre el de tela. Con la ayuda de la plancha, repliega 1 cm de tela sobre el contorno del corazón de cartón. Haz lo mismo con el segundo corazón.

4 Fija los corazones a la altura de las rodillas (después de quitar el cartón) y sujétalos con los alfileres. Haz lo mismo con las 2 tiras en los bajos de las perneras.

5 Cose los corazones en las rodillas y las tiras en los bajos de los pantalones con punto de dobladillo (ver p. 9).

Cinturón p. 38

DIFICULTAD

37

En los bajos, sitúa el punto de unión de la tira a un lado de la pernera.

Empieza a coser siempre por el reverso de la tela para disimular las puntadas.

6 Cierra las 2 tiras con punto de dobladillo. Cose el exterior y luego el interior.

Cinturón country

- Cartón recuperado de 2 mm de grueso (calendario de cartón...)
- Tela de color tejano
- Hule imitando el cuero
- 9 encuadernadores
- 2 m de correa de cuero (ancho 3 mm)
- Cuentas de madera (∅ 1,2 cm)
- 1 clavo grueso

- Cola en spray
- Tijeras
- Molde en forma de flor

1 Reproduce sobre el cartón 9 rectángulos con la ayuda del patrón (p. 14). Recórtalos con las tijeras.

2 Recorta 9 trozos de tela de color tejano que sean un centímetro mayores que los rectángulos. Recubre los rectángulos de cartón con los recortes de tela untados de cola en spray. Dobla la tela sobrante alrededor del cartón.

Para cortar más fácilmente los rectángulos, puedes usar un martillo.

3 Con un clavo grueso, haz 5 agujeros en cada rectángulo, uno en cada ángulo y uno en el centro.

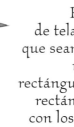

4 Recorta las flores en el hule con el molde en forma de flor y fíjalas con un encuadernador al agujero del centro del rectángulo.

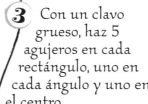

5 Dobla la correa por la mitad. Deja un lazo para atarla y pasa cada extremo de la correa por el agujero del rectángulo. Entre rectángulo y rectángulo, pasa los dos extremos de la correa por una cuenta de madera.

Antes de pulverizar la cola, pon un papel de periódico como protección.

6 Para terminar, ensarta una cuenta de madera y haz un nudo a cada extremo de la correa. Para abrochar el cinturón, pasa un cordón por el lazo y haz un nudo.

Tu camiseta, inspirada en el baloncesto, rivalizará con los grandes nombres de la ropa deportiva.

Camiseta de campeona

Para la camiseta 26

- Camiseta de algodón blanca
- Tela de algodón naranja
- Pintura para tela rosa
- Hilo naranja
- Vinilo adhesivo transparente

Para la camiseta 55

- Camiseta de algodón roja
- Tela de algodón azul
- Pintura para tela azul oscuro
- Hilo azul
- Vinilo adhesivo transparente

- Pincel
- Aguja
- Tijeras
- Plancha
- Alfileres

Si quieres reproducir otros números, puedes ampliar con una fotocopiadora cifras sacadas de revistas.

1 Con la ayuda del patrón (p. 12) calca el número 26 sobre el vinilo adhesivo. Recórtalo con las tijeras. Conserva el interior del 6.

2 Corta un trozo de tela naranja de 15 x 15 cm. Con la plancha, repliega 1 cm de los bordes. Obtendrás un cuadrado naranja.

3 Pega el adhesivo en el centro del cuadrado, sin olvidar volver a colocar el trozo correspondiente al interior del 6. Pinta el número. Déjalo secar y retira el adhesivo.

4 Pon la plancha en posición de algodón y plancha el número para fijar la pintura de manera que resista los lavados.

5 Fija la tela impresa a la parte delantera de la camiseta con alfileres y luego cósela con un punto atrás (ver p. 9) a 0,5 cm del borde con hilo naranja.

Para que el número pintado cubra bien la tela es preferible dar 2 capas de pintura.

Camiseta 55

Para la versión 55, recorta un trozo de tela de 9 x 8,5 cm y procede de la misma manera que para el modelo 26 con la ayuda del patrón (p. 12). Cose la tela con hilo azul, abajo a la izquierda de tu camiseta.

55

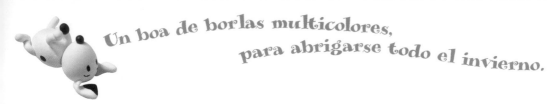

Un boa de borlas multicolores, para abrigarse todo el invierno.

Guirnalda de borlas

- 6 ovillos de lana (2 fucsia, 2 amarillos, 2 naranjas)
- Cartón fino (grosor 1,5 mm)

- Compás
- Aguja gruesa
- Tijeras

1 Recorta en el cartón 2 círculos de 5 cm de diámetro. Haz un agujero de 1,5 cm de diámetro en los 2 círculos.

2 Superpón los 2 círculos y ve rodeándolos con 8 hebras de lana de 80 cm de largo. Recubre todo el círculo.

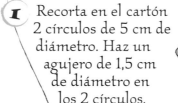

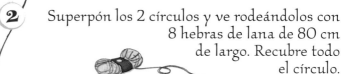

3 Corta la lana con las tijeras siguiendo el borde del círculo.

4 Separa ligeramente los 2 círculos de cartón y ata con una hebra de lana el conjunto de hebras de la borla, apretando con fuerza.

5 Retira el cartón, obtendrás una borla. Haz de esta forma 13 borlas fucsias, 13 naranjas y 12 amarillas.

Como vas a tener que hacer muchas borlas, deja preparados círculos de cartón suplementarios para cambiarlos si se estropean.

6

Con la ayuda de una aguja gruesa, ensarta todas las borlas en 1 m de hilo de lana, alternando los colores. Haz un nudo a cada extremo para bloquearlas.

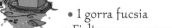

Dale un estilo a tu gorra personalizándola con varios dibujos.

Gorra de la flor

- 1 gorra fucsia
- Fieltro rosa y naranja
- 16 cm de cordón malva (Ø 4 mm)

1 Con la ayuda de los patrones (p. 13), recorta una flor grande en el fieltro naranja y una más pequeña en el fieltro rosa.

2

Forma una espiral con el cordón malva. Pega el extremo con cola para tejidos.

- Cola para tejidos
- Tijeras

3 También con la cola, pega la espiral a la flor pequeña, la flor pequeña a la flor grande y el conjunto a la gorra.

Si no tienes cordón malva, enrolla un cordón blanco de algodón y píntalo con pintura acrílica.

Gorra de la estrella

- 1 gorra beige
- Gamuza sintética beige y caqui
- Hilo beige

- Cola para tejidos
- Tijeras
- Aguja

1 Recorta en la gamuza caqui un círculo de 5 cm de diámetro y luego, con la ayuda del patrón (p. 12) una estrella en la gamuza beige.

2 Pega la estrella sobre el círculo caqui con cola para tejidos, y luego el círculo en la parte frontal de la gorra.

3 Cose con hilo beige la insignia a la gorra con punto de dobladillo (ver p. 9).

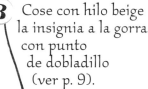

Un detalle refinado y sencillo para una camiseta de tirantes.

Tirantes de perlas

- Una cucharadita de café de cada color de cuentas brillantes azules, rosas, violetas y naranjas (⌀ 2,6 mm)
- Hilo naranja

- Tijeras
- Aguja

Adapta la cantidad de cuentas a la longitud de los tirantes.

• Enhebra la aguja con un hilo largo doble de color naranja. Empieza a coser por la parte baja del tirante de la espalda. Pincha con la aguja un lado del tirante y atraviésalo. • Ensarta 3 cuentas azules y cóselas en la parte exterior del tirante. • Vuelve a pasar la aguja por el punto de partida, atraviesa el tirante y sal 0,5 cm más arriba. • Ensarta de nuevo 3 cuentas rosas y así sucesivamente. • Ensarta 3 cuentas azules, 3 rosas, 3 violetas y 3 naranjas y luego de nuevo los mismos colores en el mismo orden y así sucesivamente. • Cubre de esta manera los tirantes y el cuello.

COMPLEMENTOS

P. 48–49

BOLSO FOLK

P. 50–51

BOTAS CHEYENNE

P. 54–55

CHANCLETAS PRECIOSAS

P. 52–53

BOLSO ALOHA

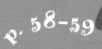

P. 56–57

LLÉNATE EL PELO DE COLOR

P. 58–59

BAMBAS ALOCADAS

P. 60 a 62

BOLSO DE LANA CON SU PORTAMONEDAS DE BOTONES

Un bolso con bandolera para transportar lo que necesitas y rondar todo el día.

Bolso folk

- Tela tejana
- 1 m de cinta ondulada azul (ancho 0,5 cm)
- 50 cm de cinta naranja (ancho 2,5 cm)
- 50 cm de cinta roja (ancho 2,5 cm)
- 8 insignias en forma de flor de distintos colores
- 15 borlas rojas (Ø 1,5 cm)
- 1 m de cordón azul marino (anchura 0,6 cm)
- Hilo azul marino

- Cola para tejidos
- Aguja
- Tijeras

1 Recorta en la tela un rectángulo de 46 x 22 cm, haz en los lados de 22 cm un dobladillo de 2 cm y cóselo con punto atrás (ver p. 9).

2 Dobla el rectángulo en dos, cara contra cara y cose los lados de la misma manera a 1 cm del borde.

3 Dale la vuelta al bolso. Pega la cinta roja en la parte de abajo, alrededor del bolso, con tela para tejidos. Pega un poco por encima la cinta ondulada azul, luego la cinta naranja y de nuevo la cinta ondulada azul.

Cuando le des la vuelta al bolso, usa una aguja lanera o un lápiz para hacer sobresalir bien los ángulos.

4

Pega las flores sobre las cintas anchas en la cara central del bolso.

5 Cose en la parte de abajo del bolso 15 borlas rojas, unas junto a otras.

Para que el conjunto quede más sólido, también puedes coser las cintas.

Puedes ayudarte sujetando las cintas con alfileres antes de pegarlas.

6 Cose sólidamente el cordón a los lados, por el interior del bolso.

Botas cheyenne

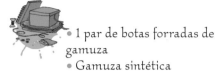

- 1 par de botas forradas de gamuza
- Gamuza sintética marrón
- 30 cuentas de madera marrón (∅ 4 mm)
- 30 cuentas de madera natural (∅ 4 mm)
- Cordel de lino
- Hilo marrón

- Aguja
- Aguja gruesa
- Tijeras

Marca con un rotulador el lugar donde harás las cruces, y así quedarán bien alineadas y regulares.

1 Recorta en la gamuza sintética 2 tiras de 40 x 6,5 cm (adapta la longitud a la circunferencia de la bota).

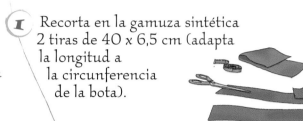

2 Con las tijeras, forma un flequillo dando un corte en las tiras cada 3 mm, de 5 cm de largo.

3 En la parte que no tiene flequillo, cose con el cordel de lino y la aguja gruesa unas cruces espaciadas 1 cm (ver p. 10).

4 Cose entre cruz y cruz una cuenta de madera alternando los colores.

5 Coloca los flecos sobre las botas y luego cóselos, con la aguja gruesa, con punto de dobladillo (ver p. 9). Cierra las tiras de flecos en el lado interior de cada bota.

Antes de coser el flequillo, puedes pegarlo con cola: es más práctico.

Un bolso de hule inspirado en las telas polinesias, ideal para llevar la toalla y el traje de baño.

Bolso aloha

- Hule rojo
- Vinilo adhesivo blanco brillante
- Hilo rojo

- Aguja
- Alfileres
- Regla
- Tijeras

1 Recorta en el hule rojo un rectángulo de 70 x 37 cm y una tira de 5,5 x 42 cm.

2  Recorta en el vinilo adhesivo, con la ayuda del patrón (p. 14) las flores de tiaré, 8 pequeñas y 8 grandes.

Sitúa las flores adhesivas sobre la tela antes de pegarlas.

3 Pega en el rectángulo de hule las flores adhesivas, repartiéndolas y mezclando las tallas.

4 Dobla la tira en tres a lo largo y luego cósela por el centro con punto atrás (ver p. 9).

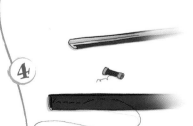

5 Corta la tira por la mitad. Repliega los bordes del rectángulo de hule en un dobladillo de 3 cm en los lados de 37 cm. Fija las asas al dorso con alfileres a 12 cm del borde y a continuación cose con punto atrás al mismo tiempo los dobladillos de 3 cm y las asas.

Puedes recortar las flores en vinilos adhesivos de colores para conseguir diferentes efectos.

6 Dobla el rectángulo en dos, cara contra cara, y une ambos lados con punto atrás a 1 cm del borde. Vuelve el bolso.

DIFICULTAD

Tus chancletas de goma se cubren de perlas y, como en un sueño, una mariposa viene a posarse.

Chancletas preciosas

- 1 par de chancletas azules
- Un cucharón de cuentas azules irisadas (Ø 2 mm)
- Hilo azul
- Fieltro azul y violeta
- 2 clips de pendientes

- Aguja
- Cola fuerte
- Tijeras

1 Enhebra la aguja con un hilo largo azul doble. Átalo a la parte delantera de la brida y a continuación ensarta en el hilo unas diez cuentas, las suficientes para cubrir la anchura de la brida.

2

Enrolla el hilo alrededor de la brida y, en cada pasada, ensarta y pega unas diez cuentas. Cubre así la mitad de la brida, detente a 4 cm de la suela y fija el hilo y las uniones con un nudo pegado y escondido detrás de la brida.

Para ir más deprisa, ensarta una gran cantidad de cuentas en el hilo. Enróllalo alrededor de la brida y, en cada pasada, pega una decena de cuentas.

3 Haz lo mismo en la otra mitad de la brida, procurando cubrir bien el centro. Repite las mismas operaciones en la otra chancleta.

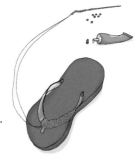

4 Con la ayuda de los patrones (p. 12), recorta en el fieltro 4 mariposas, 2 pequeñas azules y 2 grandes violetas.

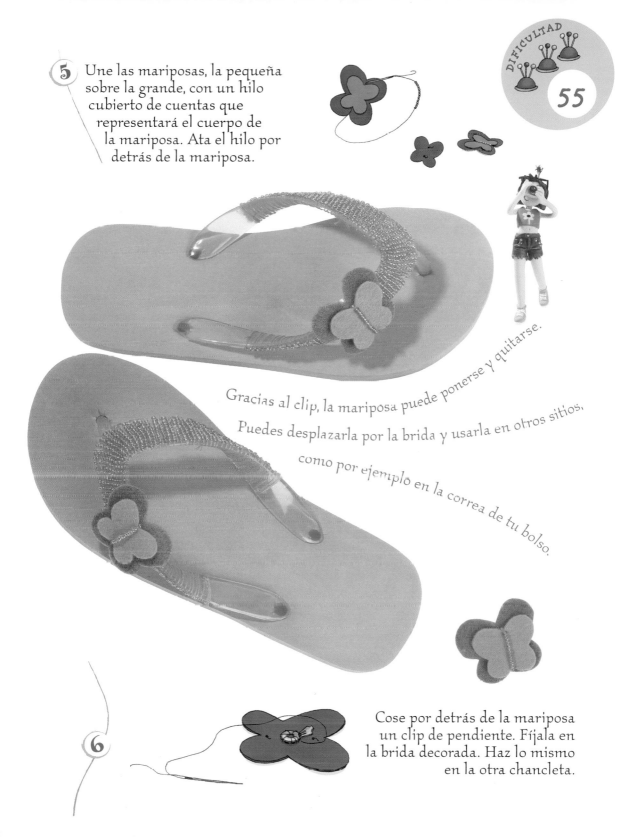

5 Une las mariposas, la pequeña sobre la grande, con un hilo cubierto de cuentas que representará el cuerpo de la mariposa. Ata el hilo por detrás de la mariposa.

Gracias al clip, la mariposa puede ponerse y quitarse.
Puedes desplazarla por la brida y usarla en otros sitios,
como por ejemplo en la correa de tu bolso.

6 Cose por detrás de la mariposa un clip de pendiente. Fíjala en la brida decorada. Haz lo mismo en la otra chancleta.

El pelo lleno de gomas, el moño lleno de agujas para el pelo.

Llénate el pelo de color

Para las gomas

- 8 gomas para el pelo (2 verdes, 2 azules, 2 naranjas y 2 violetas)
- Fieltro verde, azul, rojo y amarillo
- Hilos de colores a juego con el fieltro
- Lentejuelas verdes irisadas (Ø 6 mm)
- Lentejuelas azules grandes (Ø 1,5 cm)
- Teselas de mosaico de espejo (1 x 1 cm)
- Guata

Para la aguja para el pelo

- 1 broqueta de madera
- Pintura verde
- Pincel
- Fieltro verde
- Lentejuelas verdes irisadas (Ø 6 mm)

- Tijeras
- Aguja
- Cola

1 Con la ayuda del patrón (p. 13), recorta en el fieltro 8 pequeños corazones, 4 verdes y 4 rojos. Recorta también 4 círculos de 3 cm de diámetro en el fieltro azul, y 4 cuadrados de 2,5 cm de lado en el fieltro amarillo.

2 Haz un agujero de 1 cm de diámetro en el centro de los 2 círculos azules y recorta 2 pequeños cuadrados de 0,6 cm de lado en el centro de los 2 cuadrados amarillos. Pega 2 teselas de mosaico en los agujeros de los cuadrados y 2 lentejuelas azules en los agujeros de los círculos.

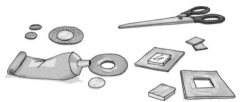

3 Une los corazones, los círculos y los cuadrados de dos en dos, con punto de dobladillo (ver p. 9) alrededor. Antes de completar las costuras, rellénalos con guata.

4 Cose los corazones rojos a las gomas azules, los círculos azules a las gomas naranjas, los cuadrados amarillos a las gomas violetas y los corazones verdes a las gomas verdes. Decora los corazones verdes con unas cuantas lentejuelas pegadas.

Si no tienes guata, puedes usar algodón.

La aguja para el pelo

Pinta una broqueta de madera con pintura verde (o de otro color). Haz un corazón verde con lentejuelas como los de las gomas verdes, y pégalo con un poco de cola a la punta de la broqueta.

Unas bambas superguays

para ir de fiesta.

Bambas alocadas

- 1 par de bambas violetas
- 3 m de cinta malva con topos violetas (anchura 1 cm)
- Caucho flexible negro, blanco y violeta (grosor 1 mm)
- Purpurina violeta

- Cinta adhesiva
- Compás
- Cola fuerte
- Cola en spray
- Tijeras

1 Corta la cinta en dos. Convierte las cintas en cordones poniendo en cada extremo un pedazo de cinta adhesiva enrollado.

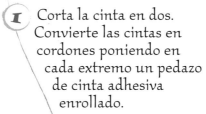

2

Pon los cordones a las bambas.

3 Recorta con la ayuda del patrón (p. 12) 2 corazones en el caucho flexible violeta, y luego 2 círculos de 4 cm de diámetro en el caucho flexible blanco y 2 círculos de 5 cm de diámetro en el negro.

4

Recubre los corazones con cola en spray y espolvoréalos con purpurina. Deja secar y quita la purpurina que sobre.

5 Con cola fuerte, pega los corazones a los círculos blancos, éstos a los círculos negros y el conjunto a la cara exterior de las bambas.

Para que los corazones queden bien recubiertos de purpurina, da una segunda capa de cola y de purpurina.

Un pequeño bolso de lana con un portamonedas removible a modo de bolsillo.

Bolso de lana con su portamonedas de botones

Para el bolso de lana

- Fieltro de lana de color crudo
- Hilo de bordar rojo
- 1 ovillo de lana de color crudo

- Aguja grande
- Tijeras
- Tricotín con su ganchillo

1 Recorta en el fieltro un rectángulo de 38 x 20 cm. Repliega sobre el reverso los dos lados más cortos para formar dobladillos de 1 cm. Cóselos con el hilo de bordar y punto adelante (ver p. 9) a 0,5 cm del borde.

2 Dobla el rectángulo por la mitad, dorso con dorso, y une los lados con un punto adelante a 0,5 cm del borde.

Si no tienes tricotín, sustituye la correa por un cordón grueso de algodón crudo.

3 Usa el tricotín y la lana cruda para hacer la correa. Pasa la lana por dentro del tricotín, enróllala alrededor de las 4 anillas, luego pasa el hilo por delante del primer anillo y, mediante el ganchillo, haz pasar el bucle por encima del hilo, detrás de la anilla. Y así sucesivamente en cada anilla. Prepara 1 m de tubo de lana.

4 Cose la correa con lana cruda a los lados, en el interior del bolso.

En la página siguiente encontrarás las explicaciones para crear tu **portamonedas**.

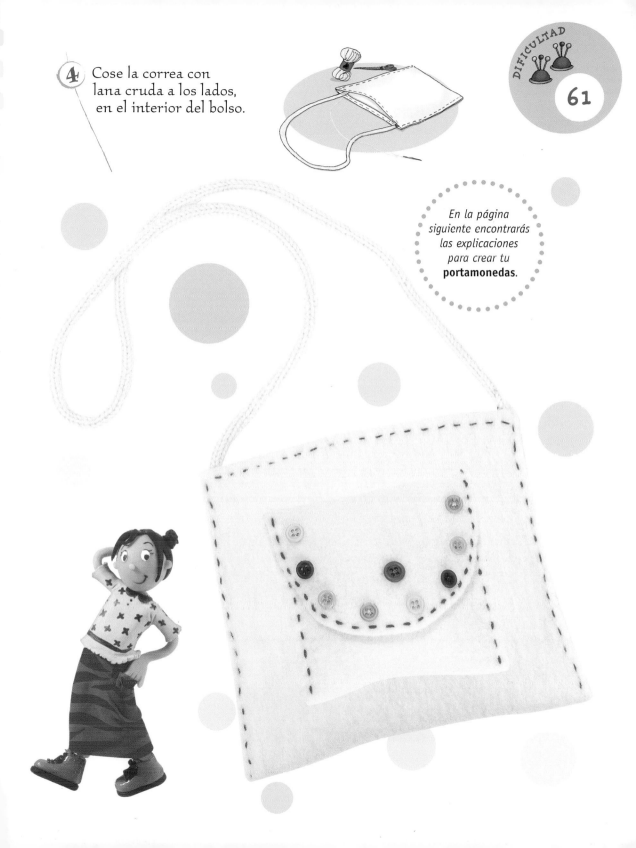

DIFICULTAD

62

Una bolsita de colores que puedes
llevar a todas partes.

El portamonedas
de botones

- Fieltro de lana de color crudo
- Hilo de bordar rojo
- 8 botones (2 verdes, 2 azules,
2 rojos, 2 naranjas) (Ø 1 cm)
- 1 botón rosa (Ø 1,2 cm)
- Hilos de colores a juego con
los botones

- Aguja gruesa
- Imperdible grande
- Tijeras

• Recorta en el
fieltro una tira de
31 x 12 cm. • Forma una bolsa
doblando la tira en dos en una
longitud de 10 cm, y redondea luego uno
de los lados con la ayuda de las tijeras.
El extremo redondeado sobrante te servirá
para cerrarla. • Con el hilo de bordar, cose
el lado de la bolsa y el contorno de la solapa
que hace de tapa con un punto adelante (ver
p. 9) a 0,5 cm del borde. • Cose en la cara
de la tapa 8 botones pequeños (ver p. 10),
alternando los colores. • Cose el botón
rosa al bolsillo y haz un corte en la
tapa a la altura del botón, que
servirá de ojal para cerrar
el portamonedas.

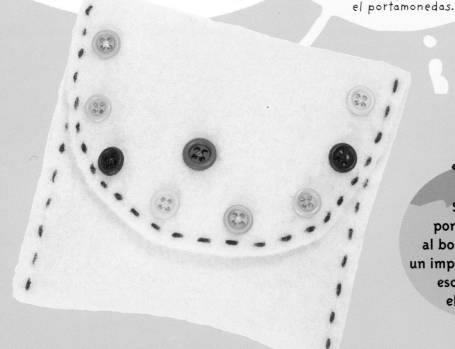

Sujeta el
portamonedas
al bolso mediante
un imperdible grande
escondido en
el interior.

DECORACIÓN

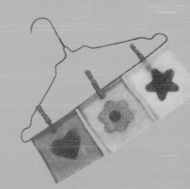

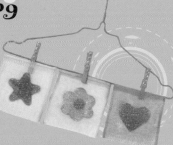

Espejo de mosaico

- Fieltro amarillo, fucsia y turquesa
- Cartón (grosor 2 mm)
- Teselas de mosaico espejo (1 x 1 cm)
- Espejo pequeño (recicla uno de maquillaje)

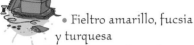

- Cinta adhesiva
- Cola
- Tijeras

Para recortar los cuadrados de 2 x 2 más rápidamente, corta tiras de 2 cm de ancho y superponlas.

1 Recorta en el cartón un cuadrado de 14 x 14 cm y, en el centro de éste, un cuadrado de 5,5 x 5,5 cm.

2

Cubre el cuadrado con fieltro azul. Repliega el fieltro y pégalo al dorso del cuadrado para cubrir los bordes.

3 Recorta en el fieltro 20 cuadrados amarillos y 20 cuadrados fucsia de 2 x 2 cm.

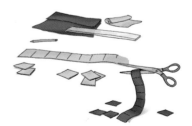

4

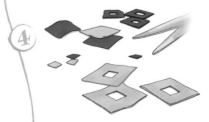

Recorta en el centro de cada forma un pequeño cuadrado de 0,5 x 0,5 cm.

5 Pon detrás de cada agujero una
   tesela de mosaico de espejo y ve
   pegando los cuadrados vaciados
   por dentro sobre el cuadro.
   Alterna los colores formando
   un damero.

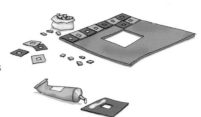

6

Pega con cinta
adhesiva un pequeño
espejo detrás
del cuadro.

Con
el mismo
principio
puedes decorar
un marco.

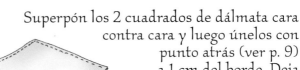

Es fácil hacer un almohadón: piel sintética, tijeras e hilo para un toque decorativo de gran estilo.

Almohadón cosido a mano

- Piel sintética dálmata
- Piel sintética leopardo
- 4 bolitas decorativas perforadas (Ø 2,5 cm)
- Rafia natural
- Guata

- Cola para tejidos
- Hilo negro
- Aguja
- Aguja gruesa
- Clavo
- Tijeras

1 Recorta en la piel sintética dálmata 2 cuadrados de 32 x 32 cm y un corazón con la ayuda del patrón (p. 13); luego, en la piel sintética leopardo, un cuadrado de 18 x 18 cm.

2 Superpón los 2 cuadrados de dálmata cara contra cara y luego únelos con punto atrás (ver p. 9) a 1 cm del borde. Deja una abertura de 10 cm.

3 Vuelve el almohadón. Por la abertura, introduce la guata hasta que el almohadón quede bien relleno, y luego completa la costura con un punto de dobladillo (ver p. 9).

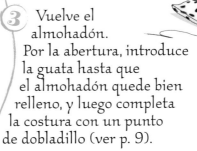

Si no tienes cola para tejidos, puedes coser el cuadrado leopardo y el corazón dálmata en el almohadón con punto de dobladillo.

4

Fija con la cola para tejidos el cuadrado leopardo en el centro del almohadón; luego, en el centro del cuadrado leopardo, pega el corazón dálmata.

Agranda con un clavo
los agujeros de las bolitas decorativas.
Con la ayuda de una aguja gruesa,
envuélvelas en rafia. Haz un nudo
para bloquear la rafia.

6

Con aguja e hilo, cose en
cada ángulo del almohadón
una borla de rafia.

Un poco de reciclaje y mucho ingenio para una percha convertida en tarjetero.

Tarjetero

- 1 percha metálica
- Rafia fucsia
- Tarlatana azul, rosa y violeta
- Hilo rosa, violeta y azul
- Caucho flexible rosa y violeta (grosor 1 mm)
- Purpurina azul y rosa
- 3 pinzas de madera
- Pintura rosa
- Lentejuelas rosas irisadas (Ø 6 mm)

- Aguja
- Pincel
- Cola en spray
- Cola de tubo
- Tijeras
- Compás

Después de volver las bolsas de tarlatana, pásales la plancha (en posición algodón) para que queden bien aplanadas.

1 Forra la percha envolviéndola en rafia fucsia. Encola los extremos.

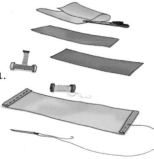

2 Pinta de rosa las pinzas. Déjalas secar y luego decóralas pegando lentejuelas.

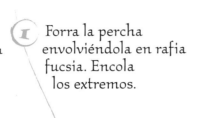

3 Recorta en cada color de tarlatana un rectángulo de 26 x 13 cm. Repliega 1 cm los lados de 13 cm y cóselos con punto atrás (ver p. 9) a 0,5 cm del borde.

4 Dobla por la mitad cada banda, cara contra cara, y cóselas con punto atrás a 0,5 cm del borde.

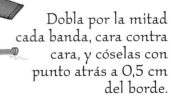

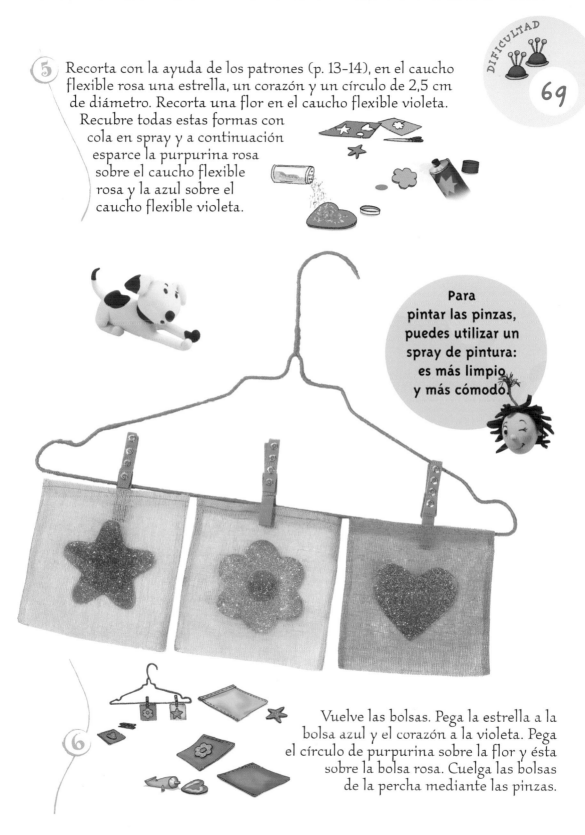

5 Recorta con la ayuda de los patrones (p. 13-14), en el caucho flexible rosa una estrella, un corazón y un círculo de 2,5 cm de diámetro. Recorta una flor en el caucho flexible violeta. Recubre todas estas formas con cola en spray y a continuación esparce la purpurina rosa sobre el caucho flexible rosa y la azul sobre el caucho flexible violeta.

Para pintar las pinzas, puedes utilizar un spray de pintura: es más limpio y más cómodo.

6 Vuelve las bolsas. Pega la estrella a la bolsa azul y el corazón a la violeta. Pega el círculo de purpurina sobre la flor y ésta sobre la bolsa rosa. Cuelga las bolsas de la percha mediante las pinzas.

Guirnaldas decoradas

Para la guirnalda de flores

- 1 dossier de plástico verde claro
- 1 dossier de plástico rosa
- 1 guirnalda de 18 bombillas verdes

Para la guirnalda de espirales

- 1 dossier de plástico naranja
- 1 dossier de plástico rojo
- 1 guirnalda de 18 bombillas naranjas

- Tijeras
- Clavo grueso

1 Recorta con la ayuda del patrón (p. 14) 9 flores grandes en el dossier de plástico rosa.

2 Recorta con la ayuda del patrón (p. 14) 9 flores pequeñas en el dossier verde claro.

3 Con el clavo grueso, haz un agujero en el centro de todas las flores y haz pasar las bombillas de guirnalda por los agujeros de las flores. Alterna una flor rosa, una flor verde...

También puedes hacer estas guirnaldas con papel de calcar de color o con separadores de cuaderno de colores.

La guirnalda de espirales

Recorta con la ayuda del patrón (p. 13) 12 espirales en el dossier rojo y 6 espirales en el dossier naranja. Haz con el clavo un agujero en el centro de cada espiral y pasa las bombillas por el agujero. Alterna 2 espirales rojas, una naranja...

Un joyero blandito

- 6 cajas de cerillas grandes
- Piel sintética rosa
- Fieltro fucsia
- 6 bolas decorativas (∅ 2 cm)
- 4 bolas decorativas grandes (∅ 3 cm)
- 6 encuadernadores

- Cola en spray
- Cola de tubo
- Clavo grueso
- Tijeras

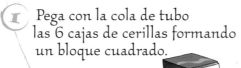

1 Pega con la cola de tubo las 6 cajas de cerillas formando un bloque cuadrado.

2 Recorta en la piel sintética una tira de 43 x 8 cm y 6 rectángulos de 5,5 x 3 cm.

3 Recubre con cola en spray los recortes de piel sintética, a continuación pega la tira alrededor de las 6 cajas y los rectángulos en la parte delantera de cada cajón.

4 Forra todas las bolas decorativas con fieltro untado de cola en spray.

5 Con un clavo grueso, haz un agujero en el centro de cada cajón y pon un encuadernador en cada agujero.

Para hacerlo más resistente, refuerza con cola los cantos de la piel sintética.

6 Pega y clava las bolas decorativas pequeñas en los encuadernadores. Pega las 4 bolas grandes bajo la caja, para hacer las patas.

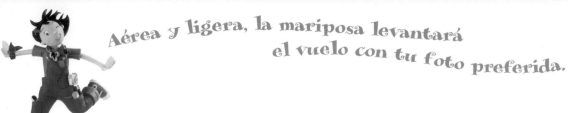

Tu foto levanta el vuelo

- Organdí amarillo
- Alambre plastificado blanco (Ø 1 mm)
- Pintura acrílica amarilla en spray
- Yeso blanco
- Pinza de madera
- Lentejuelas amarillas irisadas (Ø 5 mm)

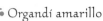

- Molde en forma de flor
- Clavo (Ø 1 mm)
- Cola
- Alicates cortantes
- Tijeras

1 Clava un clavo en el centro del fondo del molde para obtener un agujero en el centro de la flor de yeso.

2 Prepara el yeso: mezcla 500 g de yeso con 100 g de agua. Tienes 6 minutos para verter el yeso en el molde. 12 minutos después estará duro, desmóldalo y déjalo secar 1 h cerca de una fuente de calor.

3 Corta con los alicates 3 trozos de alambre plastificado, uno de 46 cm y 2 de 30 cm. Dales forma: haz dos espirales grandes en el alambre de 46 cm, 2 espirales pequeñas en uno de los alambres de 30 cm y, en el último, una forma ondulada.

Si no encuentras un molde en forma de flor, puedes usar el fondo de un bote de flan o de yogur para verter el yeso.

4 Con cola, pega la varilla de forma ondulada al yeso y en el agujero de metal de la pinza. Pega y coge con la pinza los 2 alambres en espiral.

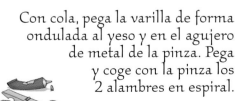

5 Pinta el conjunto con pintura en spray amarilla y déjalo secar.

Disimula con lentejuelas los puntos de cola que aparezcan en la mariposa.

6 Con la ayuda del patrón (p. 12) recorta la mariposa al organdí amarillo. Pégala con cuidado a la pinza y decórala con lentejuelas pegadas.

Lámpara con pantalla

- Un soporte para pantalla (Ø 12 cm)
- Organdí malva
- 80 cm de cinta de organdí rosa, azul y naranja (anchura 1,5 cm)
- Hilo naranja, azul y malva
- Lana fucsia, azul, azul cielo y naranja
- 1,5 m de cinta ondulada naranja (anchura 0,5 cm)
- 12 bolas decorativas (Ø 2 cm)

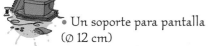

- Aguja
- Aguja gruesa
- Cola en spray
- Clavo
- Tijeras

Utiliza una bombilla pequeña de 40 vatios.

1 Recorta en el organdí malva un rectángulo de 40 x 22 cm, 40 cm para la circunferencia de la pantalla y 22 cm para su altura. Con punto de dobladillo (ver p. 9), cose el organdí al soporte de la pantalla, después de haberlo replegado 1,5 cm. Cierra la pantalla también con punto de dobladillo.

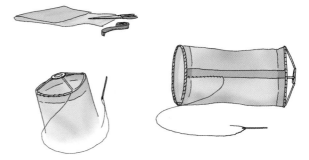

2 Recorta las cintas en trozos de 20 cm: 4 rosas, 4 naranjas y 4 azules. Úntalos con cola en spray y fíjalos a la pantalla dejándolos espaciados 1 cm y alternando los colores. Dobla los extremos hacia el interior de la lámpara.

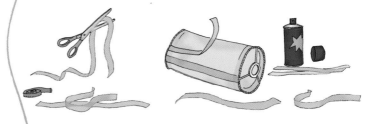

Para hacerlas más resistentes, puedes coser los bordes de las cintas con punto de dobladillo.

Puedes fabricar tu propio soporte con dos círculos de alambre unidos con cinta adhesiva. Cuatro cintas cosidas sobre la pantalla te permitirán colgarla.

3 Recorta 18 hebras de lana de 20 cm (6 rosas, 6 azules y 6 azul cielo) y 6 trozos de cinta ondulada de 20 cm. Forma 6 grupos cogiendo una hebra de cada. Átalas juntas por uno de los extremos. Cose los 6 grupos repartiéndolos por el borde superior de la lámpara.

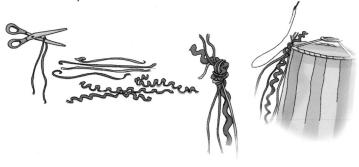

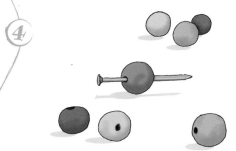

Con un clavo, agujerea las bolas decorativas y agranda el agujero.

5 Dobla el hilo de lana y, con la ayuda de una aguja gruesa, recubre las bolas decorativas con lana. Acaba con un nudo. Prepara así 4 borlas naranjas, 4 rosas y 4 azules.

6

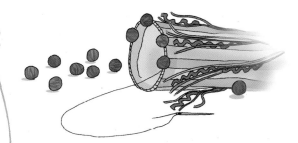

Cose las borlas a la parte baja de la pantalla, bajo las cintas a juego.

SCRAPBOOKING

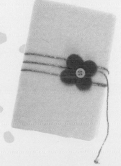

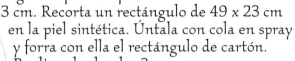

Álbum de fotos vaca: tapas

- Cartón (grosor 3 mm)
- Piel sintética de vaca
- Cordón elástico negro (Ø 3 mm)
- Fieltro rosa, fucsia, negro y blanco
- 2 cuentas negras (Ø 2,6 mm)
- Hilo negro
- Algodón de bordar negro, rosa y fucsia
- Guata

- Aguja
- Aguja gruesa
- Cola en spray
- Clavo
- Tijeras
- Compás

Si no tienes guata, puedes utilizar algodón.

1 Recorta en el cartón un rectángulo de 43 x 17 cm. Marca en el centro dos pliegues separados por 3 cm. Recorta un rectángulo de 49 x 23 cm en la piel sintética. Úntala con cola en spray y forra con ella el rectángulo de cartón. Repliega los bordes 3 cm.

2 Con la ayuda de los patrones (p. 14), recorta en el fieltro negro 2 orejas y 2 cabezas; en el fieltro rosa, el morro; en el fucsia, los agujeros de la nariz, y finalmente en el blanco 2 círculos de 1,5 cm de diámetro.

3 Une con el algodón de bordar negro las 2 cabezas y las 2 orejas haciendo punto adelante (ver p. 9). Deja una abertura e introduce la guata; luego, completa la costura.

4 Cose con el algodón de bordar rosa los 2 agujeros de la nariz sobre el morro cruzando los hilos. Con punto adelante, cose el morro a la cabeza con el algodón de bordar fucsia. Cose con hilo negro las cuentas a los ojos y luego los ojos a la cabeza con punto de dobladillo (ver p. 9).

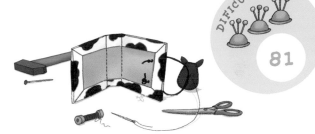
5 Con el clavo, haz dos agujeros en el fondo del álbum. Pasa por ellos el cordón elástico y bloquéalos mediante nudos. Cose en el centro del cordón la cabeza de la vaca.

Para un bonito acabado, puedes recubrir el interior de tu álbum con un rectángulo de piel sintética de 42 x 16 cm.

6

Pon un cordón elástico en el lomo del álbum. Haz 2 nudos.

La vaca tiene dentro prados,
y en los prados, tus fotos preferidas.

Álbum de fotos vaca:
páginas interiores

- Papel blanco (125 g)
- Papel de seda impreso vaca
- Papel efecto césped
- Papel rosa (125 g)
- Algodón de bordar fucsia
- 2 fotos

- Aguja gruesa
- Compás
- Cola en spray
- Tijeras

1 Recorta en el papel blanco un rectángulo de 39 x 15,5 cm.

2 Recubre este rectángulo con papel de seda untado con cola en spray. Recorta con las tijeras el papel que sobre.

3 Recorta 2 círculos de 11 centímetros de diámetro en el papel efecto césped y luego corta un círculo de 7,5 centímetros de diámetro en el centro de los círculos.

4 Recorta en el papel rosa 2 rectángulos de 6 x 3,5 cm para las etiquetas. Redondea los ángulos.

5 Cose cruces (ver p. 10) de algodón de bordar rosa en cada ángulo de las etiquetas. Deja un pedazo de hilo colgando de la última cruz de cada etiqueta.

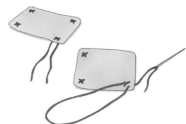

Coloca bien el papel de seda.

Aplica el papel de seda untado en cola progresivamente, apretando con firmeza

para evitar que se formen burbujas de aire.

6 Dobla por la mitad el rectángulo de papel impreso vaca y luego hazlo pasar por detrás del cordón del álbum. Pega en el centro de cada página una fotografía recortada, un círculo de papel efecto césped y la etiqueta.

Cumpleaños, fiestas de pijamas... una libreta para todos los supermomentos con tus amigas.

Libreta de las amigas: cubiertas

- 2 hojas de archivar diapositivas
- Cuentas naranjas, rosas y violetas (∅ 2 mm)
- 1 pluma verde y 1 fucsia
- Imperdibles violetas
- Flores metalizadas azules
- Lentejuelas azules irisadas (∅ 6 mm)
- Corazones adhesivos transparentes, naranjas y rojos
- Pequeños separadores transparentes: 1 violeta, 1 azul y 1 naranja
- Caucho flexible rosa (grosor 1 mm)
- Algodón de bordar naranja
- 20 hojas blancas A4 (80 g)

- Aguja gruesa
- 2 pinzas de tender
- Cinta adhesiva transparente
- Clavo
- Martillo
- Tijeras

I Recorta 2 hojas para diapositivas. Conserva el margen perforado y 9 bolsillos. Recorta 20 hojas en blanco al mismo tamaño que las hojas para diapositivas.

2 Recorta en los separadores 3 cuadrados blancos, 3 violetas y 3 naranjas del mismo tamaño que los bolsillos para diapositivas. Ponlos dentro de los bolsillos.

3 Introduce en cada bolsillo las cuentas, las plumas, los imperdibles, las lentejuelas, las flores metalizadas y los corazones adhesivos. Cierra los bolsillos con un trozo de cinta adhesiva.

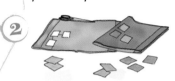

Coloca las hojas blancas entre las hojas para diapositivas y luego recorta una tira de 4 x 18 cm en el caucho flexible. Dobla la tira sobre el margen perforado y sostenla con 2 pinzas.

4

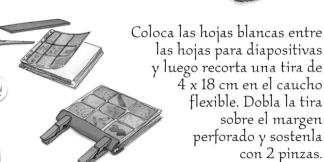

5 Con el clavo y el martillo, haz un pequeño agujero cada centímetro a lo largo de la tira.

Cuando agujerees con el clavo, protege la superficie de trabajo con un diario viejo grueso.

Si no tienes imperdibles violetas, puedes pintarlos con cola en spray.

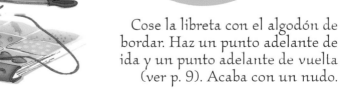

6 Cose la libreta con el algodón de bordar. Haz un punto adelante de ida y un punto adelante de vuelta (ver p. 9). Acaba con un nudo.

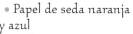

Libreta de las amigas:
páginas interiores

- Papel de seda naranja y azul
- Separadores transparentes, 1 azul, 1 violeta y 1 naranja
- Pastillas adhesivas transparentes violetas, azules y naranjas (Ø 1 cm)
- Plumas naranjas y violetas
- Papel naranja y azul (125 g)
- Imperdibles violetas
- 1/2 cucharadita de café de cuentas naranjas brillantes (Ø 2 mm)
- Hilo naranja

- Aguja
- Cola en spray
- Cola en tubo
- Tijeras

1 1 Recorta a mano alzada en el papel de seda dos cuadrados de 11 cm, uno naranja y uno azul.

2

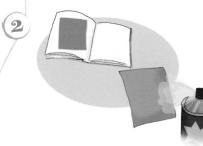

Unta los cuadrados con cola en spray y pégalos en cada página ligeramente ladeados.

3 Recorta en el separador 3 flores con la ayuda del patrón (p. 13), una naranja, una violeta y una azul. Pega en el centro de cada una una pastilla adhesiva de color a juego.

4 Recorta en el papel naranja un rectángulo de 5 x 3,5 cm y en el azul un rectángulo de 4 x 4,5 cm.

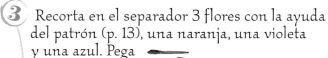

5 Cose con aguja e hilo alrededor de la etiqueta naranja grupos de 3 cuentas. Pon un imperdible en la etiqueta azul.

Para recortar bien la foto, corta un rectángulo de 7 x 9 cm en el centro de una hoja y luego desplaza la hoja así cortada sobre la foto para encontrar el mejor encuadre.

LA FIESTA DE PIJAMAS

CON MARÍA Y JUDIT

6 Pega las fotos, recortadas en formato 7 x 9 cm, en el centro de los marcos de papel de seda. Luego, pega alrededor de los marcos las etiquetas, las flores y las plumas.

Un cuaderno de viaje de estética étnica
para tus recuerdos de todas partes.

Libreta de la vuelta al mundo: cubiertas

- Cartón (grosor 3 mm)
- Papel de fibras marrón, verde y rojizo
- Papel de calcar impreso leopardo
- Papel reciclado beige
- Tela de yute
- 60 cm de cordel de lino (Ø 3 mm)

1 Recorta en el cartón 2 rectángulos de 30 x 14 cm.

- Clavo grueso
- Regla
- Cola en spray
- Tijeras
- Martillo

2 Coloca el rectángulo sobre el papel de fibras marrón y recorta el papel a 3 cm del borde del cartón.

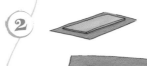

3 Unta de cola en spray el papel de fibras y cubre los 2 rectángulos. Dobla los bordes sobre el dorso del cartón.

Corta con los dedos tiras de los papeles de fibra verde y rojiza y del papel de calcar. Úntalas de cola en spray y pégalas a uno de los rectángulos.

4

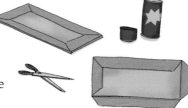

5 Con el clavo, haz 2 agujeros en uno de los lados de cada rectángulo. Corta 2 pedazos de 30 cm de cordel de lino, pásalos por los agujeros para encuadernar la libreta y haz dos nudos. Anuda también los extremos de los cordones.

MIS VIAJES

Protege tu superficie de trabajo: pon un trozo de cartón de embalaje bajo el cartón antes de agujerear con el clavo.

Para deshilachar fácilmente la tela de yute, utiliza una aguja.

6 Recorta un trozo de tela de yute de 8 x 10 cm. Deshilacha 1,5 cm de cada lado. Recorta un rectángulo de 6 x 3 cm en el papel reciclado, pégalo a la tela de yute y encola el conjunto a la libreta.

Página tras página, reúne fotos, dibujos y pequeños recuerdos de tus maravillosos viajes.

Libreta de la vuelta al mundo: páginas interiores

- Hojas de papel blanco (125 g)
- Papel de periódico envejecido
- Cartón ondulado natural
- Papel impreso pitón
- Papel reciclado natural
- Tela de yute
- Lápiz pequeño
- Cordel de lino (Ø 1,5 mm)
- Objetos de tus viajes (conchas, pulseras...)

- Clips
- Aguja
- Regla
- Perforadora
- Cola en spray
- Cola en tubo
- Tijeras

1 Recorta en el papel blanco páginas de 28 x 11 cm.

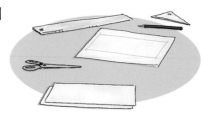

2 Pega el papel de periódico sobre las páginas con cola en spray y recorta lo que sobre. Perfora las páginas y pasa el cordel por los agujeros.

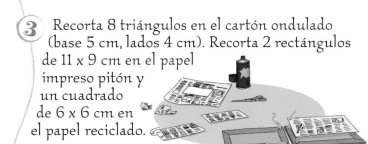

3 Recorta 8 triángulos en el cartón ondulado (base 5 cm, lados 4 cm). Recorta 2 rectángulos de 11 x 9 cm en el papel impreso pitón y un cuadrado de 6 x 6 cm en el papel reciclado.

4 Recorta un cuadrado de tela de yute de 8 x 10 cm y deshilacha 1,5 cm de los bordes. Cose sobre el cuadrado, con cordel de lino, los objetos de tus viajes.

5 Recubre el lápiz envolviéndolo en cordel de lino. Pega el cordel al lápiz.

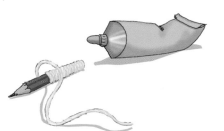

Completa la libreta con sellos, dibujos, tarjetas de visita...

6 Decora las páginas pegando los rectángulos de papel impreso pitón, los ángulos para fotos y la tela de yute. Sujeta el cuadrado de papel reciclado con clips y ata el lápiz al cordel de la encuadernación.

Libreta tejana

- Libreta (14 x 19 cm)
- Tela tejana
- 18 cm de cinta naranja (anchura 2,5 cm)
- 18 cm de cinta roja (anchura 2,5 cm)
- Lentejuelas azules y violetas (∅ 1,2 cm)
- Hilo azul violeta
- 42 cm de cordón de satén rojo, naranja, azul y violeta (∅ 2mm)

1 Forra la libreta con la tela tejana (18 x 22 cm) untada con cola en spray. Dobla la tela hacia el interior de la libreta en un ancho de 2 cm.

- Aguja
- Tijeras
- Cola en spray
- Cola en tubo

2 Cose con un centímetro de separación las lentejuelas azules a la cinta naranja y las violetas a la cinta roja.

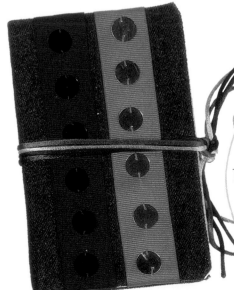

3 Pega las cintas a la tapa y dobla los extremos hacia el interior de la libreta. Reúne los cordones y anúdalos para cerrar la libreta.

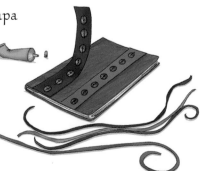

Libreta polar

- Libreta (14 x 19 cm)
- Tela polar azul claro
- 80 cm de cordón metalizado azul (Ø 1,5 mm)
- Flor de fieltro naranja
- Botón azul (Ø 1 cm)
- Hilo azul

- Aguja
- Tijeras
- Cola en spray
- Cola en tubo

1 Forra la libreta con la tela polar (18 x 22 cm) untada en cola en spray. Dobla la tela hacia el interior de la libreta en un ancho de 2 cm.

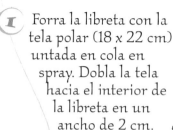

2

Cose a la tapa de la libreta la flor de fieltro y el botón.

Crea nuevas libretas utilizando otros materiales: tela impresa, vinilo, piel sintética...

3 Anuda un extremo del botón metalizado debajo de la flor y haz un nudo en el otro extremo. Pasa el cordón alrededor de la libreta para cerrarla.

Una suave libreta que te va a acompañar a todas partes.

Libreta esponja

- Libreta (14 x 19 cm)
- Tela de rizo de color malva y verde anís
- 26 cm de cinta de lentejuelas rosa irisada (Ø 6 mm)

- Tijeras
- Cola en spray
- Cola en tubo

- Forra la libreta con la tela de rizo malva (18 x 22 cm) untada de cola en spray. • Dobla la tela hacia el interior de la libreta en un ancho de 2 cm. • Recorta con la ayuda del patrón (p. 13) un corazón en la tela de rizo verde. Pégalo a la tapa de la libreta. • Pega alrededor del corazón la cinta de lentejuelas, procurando disimular la unión.

Para reforzar los bordes de la tela, ponles, además de la cola en spray, cola de tubo.

Para coser con más facilidad las lentejuelas, agujeréalas antes con un alfiler.

Créditos fotográficos

Todas las fotografías son de Dominique Chauvet/Éditions Milan.

Edición original: Éditions Milan
Título original: *Moi, je bricole !*
© 2006, Éditions Milan
© 2008, de esta edición, Combel Editorial, S.A.
Casp, 79 – 08013 Barcelona
Tel. 902 107 007
Adaptación: Pau Joan Hernández
Segunda edición: abril 2009
ISBN: 978-84-9825-292-7
Depósito legal: B-13.320-2009
Impreso en Talleres Gráficos Soler

Textos de Valérie Revol
Ilustraciones de Sophie Lebot
Mascota Julia de Audrey Gessat
Traducción de Pau Joan Hernández

US $16.95
ISBN 9788498252927   CAN $18.95

51695

9 788498 252927